LES EAUX MINÉRALES
D'ENGHIEN-LES-BAINS

Près de Paris

GRAND ÉTABLISSEMENT THERMAL

COUP D'OEIL GÉNÉRAL

Sur les propriétés médicales des eaux minérales sulfureuses, et notamment sur la puissance curative de celles d'Enghien-les-Bains

Pouvant servir de Guide médical pratique aux baigneurs

Par le Docteur CHICOYNE

DE LA CHAPELLE-SUR-LOIRE

MEMBRE CORRESPONDANT DE LA SOCIÉTÉ MÉDICALE ET MEMBRE TITULAIRE
DE LA SOCIÉTÉ D'AGRICULTURE, SCIENCES, ARTS ET BELLES-
LETTRES DU DÉPARTEMENT D'INDRE-ET-LOIRE

MEMBRE DU COMICE AGRICOLE DE L'ARRONDISSEMENT DE CHINON, MÉDECIN
DE LA COMPAGNIE DU CHEMIN DE FER D'ORLÉANS, ETC.

Prix : 60 centimes.

TOURS

IMPRIMERIE LADEVÈZE

1865

LES EAUX MINÉRALES D'ENGHIEN-LES-BAINS

GRAND ÉTABLISSEMENT THERMAL

Coup d'œil général sur les propriétés médicales des eaux minérales sulfureuses, et notamment sur la puissance curative de celles d'Enghien-les-Bains, pouvant servir de guide médical pratique aux baigneurs

Par le docteur CHICOYNE, de la Chapelle-sur-Loire, membre correspondant de la Société médicale et membre titulaire de la Société d'Agriculture, Sciences, Arts et Belles-Lettres du département d'Indre-et-Loire, membre du comice agricole de l'arrondissement de Chinon, médecin de la Compagnie du chemin de fer d'Orléans, etc.

PRÉFACE.

En 1863, mû par un sentiment de reconnaissance personnelle pour une cure obtenue dans une maladie grave, chez une personne qui m'est chère, je publiais dans un journal de médecine très-répandu, quelques appréciations sur les eaux minérales sulfureuses d'Enghien-les-Bains, grand établissement thermal. Aujourd'hui, que j'ai pu faire une étude plus approfondie des effets, je pourrais dire surprenants, de ces eaux, c'est dans l'intérêt seul de la science, et des malades qui, trop souvent vont chercher loin de la capitale, et demander à des établisssements thermaux, dont les eaux ont moins d'efficacité, une guérison qu'ils peuvent trouver à leur porte, que je publie ce travail consciencieux, fruit de nombreuses observations recueillies de la manière la plus impartiale. Je serai largement récompensé de ma peine, s'il atteint le but unique que je me suis proposé, le bien des malades.

Des propriétés médicales des eaux sulfureuses en général.

Les eaux minérales sulfureuses sont en général stimulantes, et agissent en excitant la membrane muqueuse de l'estomac et des intestins ; elles augmentent l'appétit, relèvent le ton des organes affaiblis, accélèrent la circulation, finissent par produire une sueur abondante ou amener un écoulement considérable d'urines, crise des plus favorables dans les maladies chroniques où elles sont indiquées. Enfin elles agissent sur l'économie toute entière en réveillant l'énergie des organes engourdis.

Elles sont préconisées dans les affections catarrhales chroniques, l'asthme humide, les scrofules, les diarrhées séreuses, l'ictère, les suppressions menstruelles, les maladies nerveuses, les engorgements des viscères abdominaux, les maladies chroniques de la peau, les rhumatismes articulaires anciens, les affections des voies respiratoires, digestives et urinaires, les engorgements du vagin et de l'utérus, etc.

Il est important de savoir que c'est aux maladies chroniques apyrétiques que s'appliquent les eaux minérales, et non aux affections aiguës, car autant elles produisent de bien dans les premières, autant elles seraient dangereuses dans les dernières.

Parmi les eaux minérales sulfureuses, quelques-unes sont vantées comme jouissant de propriétés spéciales, savoir : Baréges, pour les maladies chroniques de la peau (dartres), les ulcères invétérées, les plaies d'armes à feu, etc.

Luchon, pour les scrofules et ulcères scrofuleux, les maladies chroniques de la vessie, etc.

Bonnes et Cauterets, pour les affections chroniques de la poitrine, etc.

Saint-Sauveur, pour les maladies nerveuses, etc.

Enghien-les-Bains, pour les affections chroniques de la poitrine, où elles sont placées au premier rang : dans le traitement des affections catarrhales, telles que la bronchite, la laryngite et les diverses espèces de pharyngites chroniques, lorsque l'élément lymphatique ou scrofuleux prédomine ; dans les maladies catarrhales chroniques des voies digestives, de l'utérus, de la vessie et du vagin, dans les maladies cutanées, les rhumatismes articulaires anciens, la chlorose. Enfin elles conviennent en général d'une manière spéciale dans les affections diathésiques, telles que les diathèses scrofuleuses, tuberculeuses, rhumatismales, herpétiques et même syphilitiques.

Parmi ces diverses sources thermales, ce sont celles d'Enghien qui sont les moins fréquentées, et cependant ce sont elles qui possèdent la plus grande quantité de principes sulfureux, et qui par conséquent jouissent des propriétés curatives les plus énergiques; pour s'en convaincre, il suffit de jeter les yeux sur l'analyse comparative de ces diverses sources.

Analyse comparative des eaux d'Enghien et de diverses autres sources de la chaine des Pyrénées, d'où résulte la preuve de leur plus grande quantité de soufre.

Quantité de soufre par 1,000 grammes d'eau.

Enghien, source du lac (source nouvelle).	00,770
— source Roger	00,490
— — de la Pêcherie	00,517
— — du Roi (de Puisaye)	00,396
— — Bouland (et Leconte.)	00,381
Luchon (grotte inférieure).	00,324
Baréges (grandes douches).	00,165
Cauterets (source Brusand)	00,154
Saint-Sauveur (Filhol.)	00,081
Eaux bonnes (la Buvette) (Filhol.)	00,086

Les eaux froides d'Enghien, telles que celles d'Uriage, de Gréoulx, sont à base de chaux, tandis que les eaux chaudes des Pyrénées sont à base de soude. Cette différence dans la nature et la quantité des principes constituants de ces eaux minérales n'est pas sans influence sur leurs propriétés médicamenteuses spéciales.

Les eaux d'Enghien contiennent donc infiniment plus de principes actifs médicamenteux que celles des Pyrénées, puisqu'elles en possèdent plus du double que celles de Luchon qui sont les plus riches en principes minéralisateurs de la chaîne des Pyrénées, et cinq fois plus que celles de Baréges, qui sont les plus fréquentées et vers lesquelles le gouvernement dirige chaque année tous ses militaires malades.

Les eaux thermales d'Enghien, qui sont froides (14 degrés centigrades) ont encore un grand avantage que ne possèdent pas les eaux chaudes des Pyrénées (Baréges, 45 degrés, Cauterets, 51 degrés, et Luchon, 65 degrés), c'est de pouvoir être conservées presque indéfiniment et transportées dans les pays lointains sans s'altérer.

Cause de leur peu de fréquentation.

D'après ce qui précède, il est donc de la plus haute importance, au point de vue de la justice qu'on doit aux propriétés des eaux d'Enghien et surtout de l'intérêt des baigneurs, de rechercher la cause de cette indifférence pour un établissement qui devrait être le plus fréquenté de tous les établissements thermaux.

Il existe, je crois, diverses causes de ce fâcheux état de choses et sans aller plus loin, ne peut-on pas s'en prendre tout d'abord aux médecins eux-mêmes, et surtout aux médecins de la capitale ? Ne sont-ce pas eux qui désignent à leurs clients les eaux appropriées à leurs maladies, qui leur indiquent la source où ils doivent trouver un terme à leurs affections plus ou moins réelles ? Le médecin consulté pour donner son avis, ne se laisse-t-il pas souvent diriger plus par le caprice que par l'intérêt du malade, qui préfère aller à Bonnes ou à Baréges, où il sera accompagné par une connaissance intime ; puis n'aime-t-on pas les accidents et les émotions d'un long voyage, la vue de pays nouveaux, de ces chaines de montagnes des Pyrénées, qu'on désire parcourir et dont on veut affronter les dangers au péril même de sa santé ? Et, d'un autre côté, le docteur n'est-il pas quelquefois enchanté d'avoir des sources lointaines, où il peut momentanément envoyer certains malades ennuyeux, qu'il ne peut guérir, et dont il est heureux de pouvoir se débarrasser ? *Quel aveu !*

J'ai toujours ouï dire qu'Enghien était trop près

de Paris, et que s'il en était à 150 lieues, avec la beauté de ses sites et la salubrité de son climat, il serait le lieu de prédilection de tous les baigneurs qui vont aux eaux des Pyrénées, plutôt pour se distraire, que pour y chercher la guérison d'une maladie sérieuse.

« Madame de Sévigné, qui était à moitié mé-
« decin, comme on le sait, écrit dans une de ses
« lettres ; l'un, va à Vals (Ardèche), parce qu'il
« est à Paris, l'autre, va à Forges, parce qu'il est
« à Vals, tant il est vrai que jusqu'à ces pauvres
« fontaines, nul n'est prophète dans son pays. »
Cette vérité est d'autant plus frappante aujourd'hui, que les distances sont abrégées par les chemins de fer.

Il faut l'avouer franchement, Enghien, dont les eaux jouissent d'une énergie et d'une efficacité incontestables est le rendez-vous de ceux qui sont réellement malades et qui désirent, par un traitement sérieux trouver un terme à leurs souffrances.

Ses eaux sulfureuses, d'une énergie supérieure à toutes celles des Pyrénées, produisent trois fois plus de guérisons solides, proportionnellement au nombre des buveurs, que celles de Baréges et de Bonnes, dont elles possèdent toutes les propriétés à un degré plus élevé, ainsi que cela résulte de ce que je viens de dire, et d'une foule de cures remarquables qu'on ne cesse d'obtenir chaque jour dans les cas les plus graves et les plus désespérés.

Maladies dans lesquelles les eaux d'Enghien conviennent ; leur efficacité spéciale chez les malades à constitution lymphatique ou scrofuleuse.

On peut donc envoyer à Enghien, comme on envoie à Bonnes et à Baréges, les malades atteints de catarrhe vésical, de bronchite chronique, de laryngite, d'amygdalite, de gastrite, de gastralgie, de rhumatismes articulaires anciens, de dartres chroniques, d'ulcères invétérées, d'engorgements chroniques du vagin et de l'utérus, de diarrhées séreuses, d'asthme humide, mais avec cet avantage spécial propre aux eaux d'Enghien, et que ne possèdent pas les eaux de la chaîne des Pyrénées, c'est-à-dire la certitude plus grande de la guérison, lorsque ces diverses maladies sont sous une influence diathésique quelconque, soit scrofuleuse, soit tuberculeuse, soit rhumatismale, soit herpétique, soit même syphilitique ; mais elles ne conviennent pas dans la goutte et dans les affections cancéreuses, elles ne réussissent dans la première, que lorsqu'elle présente un caractère rhumatismal ; enfin, ces eaux ont un effet d'autant plus efficace, qu'elles s'adressent à des sujets à constitution lymphatique ou scrofuleuse. C'est pour cette raison que nous voyons tous les jours des malades désespérés obtenir à Enghien des guérisons solides, que n'ont pu leur procurer ni les eaux de Baréges, ni celles de Bonnes, ni celles de Cauterêts, ni celles de Saint-Sauveur, etc.

C'est donc avec raison que j'insiste sur l'efficacité de ces eaux. Du reste, je possède, tant par moi-même, que parmi mes connaissances et mes amis, une foule de faits à l'appui de ce que j'avance, et qui me mettent en mesure d'affirmer que chaque saison fournit à l'établissement thermal une quantité de cures remarquables que tous les médecins sont à même de constater. D'un autre côté, je ne puis m'empêcher d'avouer, que je dois à l'efficacité de ces eaux, la guérison inespérée d'une personne qui m'est chère, laquelle était atteinte d'une bronchite chronique grave, ayant résisté à tous les traitements les plus rationnels, mis en pratique par les plus habiles médecins de Tours et de la capitale.

Le traitement thermal de ma chère malade, confiée aux soins éclairés de mon savant confrère et ami, M. le docteur Martin, de Deuil, médecin consultant de l'établissement, a été dirigé avec un rare talent par cet habile praticien, auquel je dois un témoignage de vive reconnaissance pour le dévouement qu'il a apporté à sa guérison pendant son séjour à Enghien, où j'espère encore l'envoyer passer quelques saisons, dans le but de fortifier de plus en plus sa guérison.

Je dois aussi remercier M. le docteur de Puisaye, praticien distingué, médecin inspecteur de l'établissement, qui, bien qu'il ne l'eût pas soignée, a bien voulu constater, avant son départ d'Enghien, la belle cure qu'elle avait obtenue des eaux, et lui affirmer qu'il la considérait comme très-solide.

Aperçu sur le grand établissement thermal d'Enghien.

L'établissement d'Enghien auquel, grâce aux belles cures obtenues chaque saison, par l'efficacité de ses eaux, et aux travaux consciencieux publiés par quelques médecins honnêtes et indépendants, on commence enfin à rendre justice par l'affluence croissante des baigneurs, est depuis quelques années sur un pied très-grandiose, et peut lutter avec avantage, par ses agréments et son confortable, avec les plus beaux établissements thermaux de France et de l'étranger : Cabinets de bains, salles d'inhalation, douches de toutes forces, la plus élevée a 70 pieds d'élévation, c'est la plus élevée de France. Entre le bain et la douche, il y a une infinité d'emplois variés des eaux, savoir :

les lotions, les affusions, les aspersions, les injections, les fomentations, etc.

Enghien possède 5 sources abondantes de forces graduées, depuis la source du lac qui est la plus forte, jusqu'à la source Bouland, qui est la plus faible, dont on use selon les indications du médecin.

Cet établissement magnifique, qui peut loger 2,000 baigneurs, possède encore une infinité d'agréments. Son parc de 400 arpents, avec ses bosquets, son lac aux eaux vives et courantes, couvert de barques à voiles et de gondoles pour l'agrément des baigneurs; son *Jardin des roses*, si délicieux, placé sur les bords du lac, dans lequel on donne plusieurs fois la semaine des concerts, offre aux baigneurs la plus belle et la plus ravissante promenade que l'on puisse rencontrer; son voisinage de Saint-Gratien, de la vallée et de la forêt de Montmorency, des côteaux d'Andilly, de Saint-Denis, de Saint-Prix, de Sannois, de Montlignon, en font un séjour enchanteur pour les baigneurs, auxquels il permet des excursions agréables. Son voisinage de Paris (20 minutes de chemin, que 22 trains desservent tous les jours) est un avantage remarquable, car il permet aux baigneurs de prendre les eaux tout en vaquant à leurs affaires.

Je viens de parler de Saint-Gratien, de Montmorency, de Saint-Denis, de Sannois, etc.

Qu'il me soit permis de dire quelques mots sur ces charmants pays, qui se recommandent par leurs souvenirs historiques.

Saint-Gratien. C'est un village charmant, situé à l'extrémité du lac, qui en fait un de ses plus grands agréments ; ses pelouses de verdure, ses avenues magnifiques, en font une attrayante promenade. On y remarque deux châteaux, l'un est l'ancien château qui porte le nom de Catinat, parce que ce fut dans ce château que ce maréchal de France mourut, en 1712 ; l'autre, est le Château-neuf, bâti sous le premier Empire. Ce village, dont l'accroissement a eu lieu d'une manière rapide, forme maintenant une commune importante, parsemée de chalets et de villas, construits avec un goût remarquable, le tout émaillé de fleurs et de bosquets de la plus grande fraîcheur.

Il doit sa beauté, sa prospérité et son développement rapide, à une cousine de l'Empereur Napoléon III, son Altesse Impériale, la Princesse Mathilde, femme généreuse et charitable, artiste hors ligne, et type, par excellence, du bon goût ; il suffit de jeter un coup d'œil exercé dans le château habité par cette princesse, pour s'apercevoir de suite, qu'au dedans comme au dehors tout y annonce le bon goût ; c'est en un mot une heureuse alliance du grand goût et du vrai luxe, respirant l'indépendance.

Son parc magnifique, placé près du lac, est une merveille parmi les merveilles, un véritable paradis sur la terre, qui peut satisfaire les goûts les plus difficiles ; l'idée du bon goût et du vrai luxe se propage autour de la princesse, tant les bonnes choses ont d'échos quand elles viennent de haut lieu. M. Terré, maire de Saint-Gratien, dont le souvenir se rattache pour nous à l'alliance qu'il a contractée avec une famille très-honorable de Tours, honoré à juste titre de l'estime et de la confiance de la princesse, homme philosophe aux goûts variés, aux désirs modérés, est, lui aussi un artiste qui dessine et qui peint ; ami de l'histoire naturelle, il possède une précieuse collection de presque tous les oiseaux de l'Europe, collection qui est digne d'être visitée par tous les amateurs d'ornithologie. Il a, sur les bords du lac, une propriété magnifique qu'il habite presque toute l'année.

Montmorency. Sa vallée délicieuse aux sites pittoresques, aux verts bosquets, aux villas et aux chalets élégants, aux souvenirs historiques, offre aux baigneurs tout ce qu'il y a d'attrayant pour la vue et d'agréable pour le promeneur.

C'est dans cette vallée, à l'entrée de la forêt, qu'était l'Ermitage, une des dernières demeures de Jean-Jacques Rousseau (1) et de ses deux gou-

---

(1). A sa sortie de l'ermitage il se retira dans une maisonnette appelée le Petit-Mont-Louis qui lui fut donnée par le maréchal de verneuses (Thérèse et la mère Levasseur), que fit bâtir pour lui Mme la marquise d'Épinay. C'est dans cet asile qu'il se retira et passa plusieurs années, qu'il écrivit une partie de ses œuvres, qui sont loin au point de vue moral d'être sans reproches. Cette retraite est devenue un lieu de pélérinage pour certaines personnes sensibles aux charmes de la nature et des passions.

C'est à l'Ermitage que Robespierre, du 6 au 7 thermidor 1793, dressait les listes de proscription qui devaient atteindre les habitants de Montmorency eux-mêmes.

L'église de Montmorency, qui mérite d'être visitée, est placée sur la partie la plus élevée du côteau, d'où l'on découvre tout Paris et une grande partie des magnifiques paysages d'alentour. On remarque dans cette église des tombeaux de plusieurs chefs de l'illustre famille des Montmorency. Cette vallée se recommande par les souvenirs des Condés, des Luxembourg, des Montmorency, etc.; c'est dans cette charmante vallée, qu'habitait une partie de l'année son château de la Chevrette, Mme la marquise d'Épinay, dont les intrigues

Luxembourg, un des admirateurs de ses œuvres ; mais il n'y resta pas longtemps, car son *Émile* et le *Contrat social* ayant occasionné une censure rigoureuse de la part de Malherbe détermina son banissement qui le força à se retirer à Berne, d'où il revint après un court séjour pour venir habiter à Ermenonville, dans la propriété de M. Stanislas de Girardin où il finit ses jours.

amoureuses ainsi que celles de sa belle-sœur, Mme d'Houdetot, avec Jean-Jacques Rousseau, appartiennent au domaine de l'histoire.

On y voit aussi le château de la Chasse, aujourd'hui la propriété de M. Corbin. C'était un donjon de quatre tours, entouré d'un large fossé. Ce château devint célèbre en 1429, par le siége que les Anglais en firent, sans succès. Il fut successivement la propriété des Montmorency, des princes de Condé, du Prince Louis Napoléon, qui en eût la jouissance jusqu'en 1815, époque à laquelle conservant encore l'aspect de ces formidables châteaux du moyen âge, il devint l'habitation des empereurs d'Autriche et de Russie ; aujourd'hui, ce n'est plus qu'un rendez-vous de chasse. Tous les ans, le 26 juillet, s'ouvre une fête dite de la Sainte-Anne, qui se tient au voisinage de l'Ermitage, et qui dure quinze jours consécutifs. C'est un rendez-vous complet de toutes les populations du voisinage. Jeux de toute espèce, divertissements variés, loteries de toute nature, illuminations, bals champêtres, rondes villageoises autour des vieux chênes, voilà un aperçu rapide de cette fête champêtre, qui attire une foule immense de Parisiens, toujours amateurs et envieux de tout ce qui respire la campagne, les promenades, les champs et la verdure.

Saint-Denis. C'est une promenade agréable et

charmante pour les baigneurs qui résident à Enghien. On y remarque, l'église et les galeries des tombeaux des rois de France.

On y voit aussi la Maison Impériale des filles de la Légion d'honneur, institution grande et noble, dont la création due à Napoléon Ier, révèle les sentiments de reconnaissance qu'il a voulu imposer à la France, envers les défenseurs de la patrie; c'est assez dire que ce bel établissement est destiné à donner aux filles des officiers décorés de la Légion d'honneur, une instruction solide et brillante, digne des grandes idées qui lui ont donné naissance.

Sannois. Cette commune est une des premières qui admirent en 1626, les sœurs de charité, instituées par saint Vincent de Paul. Il y avait sur un des coteaux de Sannois, une fontaine, dite de Saint-Flève, où s'est construit un ermitage; il ne reste plus maintenant de cet ermitage que la fontaine, qui se trouve dans un jardin, sous une voûte.

Établissement hydrothérapique d'Enghien.

Je dois ajouter que par suite de constructions et d'améliorations matérielles importantes, faites depuis quelques années, aux thermes d'Enghien, où le traitement hydratique est appliqué sous toutes les formes et les variétés, l'hydrothérapie vient aussi y prêter son concours ; mais comme dans ces divers traitements énergiques, l'eau employée chaude ou froide imprime à l'organisation et par suite au système nerveux des vibrations et des stimulations, qui ont besoin d'être graduées selon la force du malade, son tempérament, son idiosyncrasie organique, sa susceptibilité nerveuse particulière, choses qui ne peuvent être appréciées que par le médecin habituel du malade, l'administration thermale a établi et reconnu d'une manière expresse pour tout médecin, le droit de venir surveiller et même diriger le traitement de son malade, si cela lui plaît ; et, à cet effet, elle a construit, de chaque côté du vestibule du néotherme nouveau, six cabinets de consultations, meublés d'une manière confortable, qui tous les jours sont à la disposition des médecins du dehors.

ENGHIEN.

Salubrité remarquable de son climat.

Ce travail sur Enghien serait incomplet, si je me bornais à ce que j'en ai dit, et si je n'ajoutais quelques mots, pour détruire les préjugés mal fondés sur la salubrité de son climat.

Enghien, placé dans la vallée de Montmorency, et à peu de distance de Paris, sur les bords de son magnifique lac, est une ville moderne par excellence.

Au moyen âge, le trop plein du lac faisait mouvoir un moulin.

Le père Cotte, oratorien et curé de Montmorency, fut le premier à signaler les sources d'Enghien et à attirer l'attention sur leur nature sulfureuse et leurs propriétés curatives, contre diverses maladies, dans lesquelles il obtint des cures remarquables. Il adressa même à ce sujet un rapport à l'Académie des sciences.

Des analyses nombreuses faites par divers chimistes, tels que : Fourcroy, Vauquelin, Rayer, Ossian Henri, et en dernier lieu, par MM. de Puisaye et Leconte, mirent hors de doute la nature sulfureuse de ses eaux et leurs propriétés curatives, à ce point qu'on peut, comme je l'ai dit, les placer en première ligne pour leur degré de sulfuration et leurs propriétés curatives sur lesquels j'ai assez insisté pour être dispensé d'en dire davantage.

Parlerai-je des agréments d'Enghien, des beautés de ses sites, de ses coquettes villas et de ses chalets ; d'autres, plus habitués que moi ont donné la description, qui ne laisse rien à désirer de tout ce qu'Enghien a d'intéressant ; aussi me bornerai-je ici à citer ce qu'il y a de plus frappant.

Je placerai en première ligne le grand établissement thermal, qui au confortable le plus exigeant, a su joindre par son *Jardin des Roses*, son parc de 400 arpents, émaillés de fleurs, et ses bosquets percés de promenades en tous sens, en un mot, tout ce que les baigneurs peuvent désirer de plus délicieux et de plus charmant.

On admire aussi sur les bords du lac, la magnifique et ravissante propriété de M. Emile de Girardin, maire d'Enghien, l'habile et célèbre écrivain, dont le nom appartient à l'histoire ; vient après le chalet de Mlle Ozi, qui est une charmante habitation, puis la propriété de M. Lopinot, celle de M. le baron de Reiset, officier de la Légion d'honneur.

Le voisinage du lac, que quelques préjugés ont fait aussi regarder comme insalubre, est au contraire des plus salutaires pour la population et les malades.

Les vapeurs et les émanations sulfureuses qui s'élèvent du lac, produisent un effet bienfaisant qui favorise la guérison et concourt à la conservation de la santé.

Les enfants, principalement, y jouissent d'une excellente santé, et les malades s'y rétablissent comme par enchantement.

Les fièvres intermittentes qui, au prime abord, paraîtraient devoir y régner, n'y apparaissent jamais.

A Enghien, la mortalité proportionnelle est infiniment moindre que dans les autres localités qui avoisinent Paris, et est même bien loin, d'après les tables de mortalités, d'atteindre la moyenne. M. le docteur de Puisaye, dont l'excellent ouvrage sur les eaux d'Enghien, m'a été d'un grand secours pour la rédaction de ce travail, a mis hors de doute ce que je viens de dire, par la table de mortalité qu'il a dressée avec le plus grand soin, en 1861.

Ce magnifique établissement qu'on appelle aussi le palais Thermal d'Enghien, est dirigé par M. Batailler, chevalier de la Légion d'honneur, ancien maire de Romorantin, qui a su par son amabilité et ses bonnes manières gagner les sympathies de tous les baigneurs.

Un médecin, inspecteur distingué, M. le docteur de Puisaye, et un médecin sous-inspecteur, M. le docteur Lebreton, homme de mérite, viennent donner à des heures régulières des consultations dans l'établissement.

M. le docteur Martin, de Deuil, médecin consultant, homme habile et très-renommé, y vient également tous les jours à heure fixe donner des consultations.

L'administration s'est attachée un pharmacien de 1re classe, M. Hélary, praticien habile et distingué, dont la pharmacie est attenante à l'établissement thermal. Tout auprès de cet établissement il vient de s'en construire un nouveau, dans des proportions bien moins grandioses, sur lequel je ne puis donner aucune appréciation, ne l'ayant vu qu'au moment où il était en construction.

Après avoir énuméré les principales maladies dans lesquelles les eaux d'Enghien ont un effet spécial, propre à ces mêmes eaux, et fourni par l'analyse comparative des principales sources sulfureuses qui existent en France, la preuve que celles d'Enghien contiennent le plus de soufre, et détruit par le raisonnement et des faits irrécusables le doute qui paraît exister dans l'esprit de certaines personnes, sur la réalité de ses propriétés curatives ; après avoir enfin jeté un coup d'œil général sur le grand établissement thermal, les beautés des sites du pays et la salubrité de son climat, il me reste à faire connaître : 1° Le mode d'administration des eaux d'Enghien ; 2° Leurs effets physiologiques; 3° Leurs effets thérapeutiques.

Je terminerai ce travail, par l'énoncé de quelques conditions hygiéniques indispensables au succès du traitement thermal.

Mode d'administration des eaux d'Enghien.

Les eaux d'Enghien, comme toutes les sources thermales, en général, s'administrent en boissons, en bains, en lotions et en douches ; elles se donnent aussi en inhalations.

En boissons, les eaux d'Enghien se prennent en général le matin à jeun, ou dans le courant de la journée, à des intervalles convenables des repas. La dose est d'une ou de plusieurs verrées, en ayant soin de laisser entre-elles la distance d'un quart d'heure ou d'une demie-heure.

La dose varie du reste selon l'âge, le tempérament et les maladies. C'est donc au médecin chargé de diriger le traitement thermal, de déterminer les règles à suivre. La dose la plus ordinaire est de deux verrées par jour ; mais elle peut être portée graduellement jusqu'à quatre et même six verrées par jour.

Il ne serait pas sans danger de prendre des quantités considérables d'eau (15 et 20 verrées dans les 24 heures), comme certaines personnes l'ont fait, dans le but d'une plus prompte guérison, car si elles ne sont pas suivies d'accidents immédiats, elles peuvent produire plus tard des névroses et des gastralgies des plus rebelles. Il est donc utile, avant d'augmenter la dose, de se laisser guider par son médecin, et ce n'est qu'autant qu'on s'est assuré que l'eau se digère bien, qu'on doit en prendre davantage. Il est quelquefois utile de la chauffer au bain marie, et de l'édulcorer avec un sirop quelconque ou de la couper dans les affections catarrhales des bronches avec du lait, ou de l'associer, chez les scrofuleux, aux amers. Il ne faut pas compter en général obtenir un effet immédiat des eaux ; car souvent l'effet curatif ne se fait sentir que vers la fin de la saison et quelquefois seulement quand les malades sont de retour dans leurs foyers.

En bains à l'extérieur, les bains se donnent soit avec l'eau sulfureuse, soit avec la moitié, le tiers ou le quart d'eau ordinaire. Chez ceux qui n'ont point encore fait usage des eaux, notamment chez les femmes qui ont la peau délicate, et les personnes irritables, il est prudent de commencer par des bains mitigés ; on y ajoute avec avantage dans ce cas du son, de l'amidon, ou du gluten.

La durée du bain doit être d'un quart d'heure à une heure, selon la force et le tempérament du malade.

La température ordinaire du bain est de 30 degrés centigrades, c'est le bain tiède ; de 30 à 36 degrés, c'est un bain chaud ; de 36 à 40, c'est un bain très-chaud.

Les bains que le médecin ordonne communément sont entre 30 et 36 degrés. Il est utile après chaque bain de prendre de l'exercice à pied ou en voiture, dans le but d'activer la circulation et de provoquer la réaction qui doit se manifester à la peau. Lorsqu'il y a impossibilité absolue de remplir cette prescription, les malades doivent se mettre au lit, ou ils se tiendront bien couverts pendant une heure.

La quantité de bains à prendre, est d'un par jour, en général. Les bains ne doivent pas être cessés brusquement, les malades doivent en diminuer la durée, à mesure qu'ils approchent de la fin de leur séjour, pour éviter l'inconvénient qui pourrait résulter de la suppression brusque de la réaction produite à la surface de la peau.

En douches, ainsi que je l'ai dit dans un précédent travail, aucun établissement thermal ne possède de douches aussi élévées qu'au grand établissement d'Enghien, puisqu'il en est une qui a plus de 20 mètres d'élévation au-dessus du niveau du sol, ce qui lui donne une puissance précieuse, qu'on chercherait en vain ailleurs.

Ces douches, qui à Enghien sont administrées mieux que nulle part, consistent dans une projection plus ou moins forte d'eau, d'une température variable, sur la surface entière du corps, ou sur telle ou telle partie, soit par un seul jet, soit en arrosoir. Il y a aussi des douches ascendantes dont on peut faire usage selon l'indication. Du reste, il existe à l'établissement toutes les variétés de douches possibles.

La température des douches varie entre 16 et 40 degrés centigrades, leur durée est de 12 à 25 minutes ; c'est au médecin qu'il appartient de régler, soit la durée, soit la température, soit la forme ou la force des douches, selon l'indication qu'il voudra remplir.

Quand on emploie conjointement les bains et les douches locales, ce qui arrive souvent dans les diverses maladies, M. Bertrand, médecin, inspecteur des eaux du Mont-d'Or, et M. de Puisaye, médecin, inspecteur des eaux d'Enghien, sont d'avis de donner la douche avant le bain ; dans le cas contraire, on commence par les bains et on termine par les douches.

En général, on doit éviter l'emploi des douches, quelles qu'elles soient, pendant la période menstruelle, où elles pourraient amener une suppression des règles et par suite des accidents graves.

En lotions. Quant aux lotions, dont l'usage est moins fréquent, c'est au médecin seul qu'il appartient d'en régler l'emploi.

En inhalations. Il y a un mode nouveau d'emploi des eaux, qu'on désigne sous le nom d'inhalations ; il consiste dans une division ou pulvérisation des eaux, au moyen d'appareils particuliers, propres à l'établissement, qui sont répandues ainsi divisées dans une salle destinée à cet usage, et dans laquelle les malades se rendent, enveloppés d'un vêtement en toile, qui les recouvre entièrement, d'où ils sortent, après avoir subi une sorte de bain général, et avoir absorbé par les voies aériennes, une quantité plus ou moins grande d'eau thermale. Ce mode est surtout efficace dans les maladies chroniques des voies respiratoires.

Effets physiologiques des eaux.

Ces effets, que je ne puis faire qu'indiquer ici, à cause de la briéveté de ce travail, ont une importance très-grande, soit qu'ils s'adressent au système nerveux, circulatoire ou respiratoire, soit qu'il s'agisse de toute la surface tégumentaire et génito-urinaire, ou que ce soit sur les voies digestives, que ces effets se produisent.

Effets sur le système nerveux.

L'influence des eaux d'Enghien sur le système nerveux est d'autant plus prompte et plus grande, que le malade est plus impressionnable; il éprouve de l'agitation la nuit, des rêves, de l'insomnie, une pesanteur sur le sommet de la tête; l'activité intellectuelle paraît augmenter chez certains malades, d'autres, éprouvent une propension au sommeil presque irrésistible. A la suite de la surexcitation générale du système nerveux, il arrive souvent une sédation des plus heureuses, qui prend la place de la perturbation qui s'y était produite d'une manière plus ou moins marquée.

Effets sur la circulation.

La circulation est en général activée par l'usage des eaux, et cette action, qui se manifeste par une plus grande chaleur de la peau plus de force et plus de fréquence dans le pouls, varie selon la durée et la température du bain ; car on comprendra aisément que, sous l'influence d'un bain de 28 degrés centigrades, qui occasionne en y entrant une sensation de froid, la chaleur de la peau baisse, et que, si la durée en est prolongée, le pouls s'abaisse aussi, et que l'asphyxie peut avoir lieu, si la durée en est portée trop loin ; car dans ce cas la réaction n'est pas assez forte, ni assez vive pour conjurer le danger.

Au contraire, dans un bain de 34 degrés, la peau devient plus rouge, le pouls s'accélère, il survient de la soif, des vertiges, des palpitations, et, si on le prolonge, la syncope survient. Après ce bain, la fatigue et l'abattement qui ont lieu, ainsi que la courbature, ne cèdent qu'à l'action d'un sommeil réparateur, qui est suivi d'un bien-être général.

Cet effet général du bain, dans lequel l'eau à l'intérieur apporte sa part d'action, est aussi produit par l'usage des douches ; car, par le bain, comme par la douche, il survient une réaction générale nécessaire, plus ou moins forte, selon la manière dont on a employé l'un ou l'autre.

Un effet que produisent les eaux d'Enghien, c'est celui qu'en ressent la menstruation. Est-elle supprimée, irrégulière et peu en rapport avec le développement physique ou individuel ; elle reparaît et devient d'une régularité parfaite ; si, par suite de chlorose ou d'anémie, la menstruation devient trop abondante, on obtient un avantage incontestable des douches froides et générales.

Effets sur les voies respiratoires.

L'influence des eaux sur les voies respiratoires ne se fait en général sentir qu'au bout de 7 à 8 jours, et se manifeste par une sécheresse de la gorge, qui devient quelquefois douloureuse, avec difficulté de la déglutition ; mais cet état de sécheresse est bientôt suivi d'une salivation muqueuse, d'une saveur rappelant celle de l'eau minérale. Les mêmes effets se produisent sur les surfaces des bronches et des poumons, lorsqu'il existe un catarrhe et des tubercules : dans ce cas, l'expectoration qui paraît diminuer les premiers jours de la médication, augmente bientôt, d'abord moins épaisse, de puriforme qu'elle était, elle devient muqueuse.

Effets sur les voies digestives.

L'action bienfaisante des eaux d'Enghien sur les voies digestives, est surtout remarquable chez les personnes dont l'estomac, depuis longtemps affaibli, est devenu paresseux et manque du stimulus nécessaire à l'accomplissement de l'acte de la nutrition. Sous leur influence, les fonctions digestives se réveillent, les aliments, qui ne pouvaient pas être tolérés par l'estomac et les intestins, sont mieux digérés.

Quelquefois les eaux sont difficilement tolérées ; les malades qui en font usage éprouvent des douleurs et des ardeurs à la région de l'estomac, des crampes et même un sentiment de barre.

Dans ce cas, comme toujours, il faut s'adresser à son médecin, qui indiquera la conduite à suivre. Car, a-t-on affaire à un sujet nerveux ayant une dyspepsie sous forme gastralgique, l'eau devra être donnée à petite dose, pure ou mélangée, suivant les cas. Chez les sujets constipés, les eaux déterminent des selles plus fréquentes. Il est une chose remarquable chez les personnes qui usent des eaux, c'est que la constipation est en rapport chez elles avec une plus grande abondance de la transpiration cutanée ou de la sécrétion urinaire ; d'un autre côté, la diarrhée est en rapport avec la diminution de ces mêmes sécrétions ; c'est-à-dire, que lorsque ces dernières diminuent, la première augmente.

Elle est tantôt muqueuse, tantôt bilieuse ; au bout de quelque temps, elle est semblable à des blancs d'œufs battus, quelquefois mêlée d'un peu de sang, s'accompagnant de coliques, d'anorexie, de faiblesse générale, avec symptômes d'embarras gastrique, et d'une fièvre légère ; dans ce dernier cas, il faut suspendre les eaux.

Effets sur les voies urinaires.

L'influence des eaux sur les voies génito-urinaires, quand elles sont prises à l'intérieur, est d'amener une évacuation abondante d'urines. L'énorme quantité d'eau éliminée par les urines chez certains buveurs, explique dans certaines circonstances l'innocuité de la grande quantité d'eau ingérée.

On conçoit, d'après cela, quel résultat avantageux on peut retirer de l'action des eaux dans les affections catarrhales de la vessie par l'excitation générale qu'elles produisent sur les organes génito-urinaires. Les eaux d'Enghien occasionnent des désirs vénériens des plus prononcés, chez l'un et l'autre sexe. Il n'est pas rare de voir reparaître l'état subaigu d'anciennes blennorhagies ; les leucorrhées chroniques indolentes redeviennent aiguës et douloureuses, mais cet état cesse avec l'usage des eaux. Quand les règles sont suspendues, elles les rappellent, les régularisent et les rendent à leur type normal.

Effets sur la peau.

La surface tégumentaire, ainsi que la surface gastro-intestinale et urinaire, a le privilège d'être le siége où se passent les crises produites par les eaux minérales, et personne n'ignore les relations ou sympathies intimes qui existent entre elles; l'une ne peut être affectée sans que l'autre en ressente immédiatement l'effet; aussi, les affections du tube digestif et de la peau coïncident-elles, les premières, avec une diminution de la transpiration de la peau, les secondes, avec une diminution de la secrétion intestinale.

La diminution ou la suppression de la transpiration cutanée jouent un rôle très-important comme cause des maladies diverses qu'elles entraînent avec elles; aussi, le médecin ne peut-il faire trop d'efforts pour la rappeler, et afin d'arriver à ce résultat, faire appel aux sudorifiques les plus énergiques, car la réapparition de la sécrétion habituelle supprimée, sera le signal le plus certain de la guérison, but de ses efforts.

Quand un malade veut prendre les eaux il n'y a point de soins que le médecin ne doive avoir plus à cœur que celui de savoir si la maladie ne coïncide pas avec une suppression de transpiration plus ou moins brusque.

Les effets des eaux d'Enghien sur la peau sont d'augmenter la transpiration cutanée habituelle, qui est d'autant plus prompte à se produire que la peau est moins sèche, plus fine et plus délicate.

L'effet se borne, en général, à l'augmentation de la sécrétion cutanée, ou bien s'accompagne sur la surface du corps de diverses éruptions qui consistent, soit en simples sudamina qui se montrent sur la poitrine et le ventre pour disparaître presque aussitôt, soit en petites pustules d'acné qui se portent sur la région lombaire et persistent quelquefois pendant toute la durée du bain; d'autres fois, c'est une érythème, ou rougeur prononcée de la peau qui occupe de préférence la poitrine, le dos et les membres. Cette dernière éruption, est ordinairement fugace et de peu de durée. Après huit ou dix bains, quelquefois vingt bains, il se produit dans quelques cas à Enghien comme aux eaux de Baden en Suisse, de Schinzach et d'autres sources, un effet qu'on appelle poussée, qui n'est autre chose qu'une éruption sous forme érythémateuse, miliaire ou pustuleuse, produite par les bains répétés, laquelle n'a rien de grave et disparaît dès qu'on cesse l'usage des bains.

Après un usage prolongé des eaux d'Enghien, comme des autres sources sulfureuses des Pyrénées; il survient quelquefois un dégoût tel, qu'il est impossible d'en continuer l'emploi : la vue, l'odeur seule des eaux déterminent des nausées; le seul remède est le départ.

Les eaux d'Enghien provoquent souvent chez ceux qui ont eu des affections anciennes de la peau, la réapparition de ces mêmes affections, mais qui disparaissent promptement. Sous leur influence, les plaies anciennes, de pâles et blafardes, deviennent roses et vermeilles, et sont souvent conduites à une prompte guérison.

Effets thérapeutiques.

Je ne ferai qu'effleurer cette question importante, parce qu'à mon avis, les médications thermales ou emploi quelconque des eaux pour arriver à un résultat avantageux, ne peuvent avoir lieu hors de la direction d'un médecin. Il est aisé de comprendre que les effets obtenus par les eaux, varieront selon leur mode d'emploi. En effet, la quantité d'eau ingérée, la durée, la température du bain ou de la douche, doivent varier selon l'affection qu'on a à traiter, le tempérament et la susceptibilité du malade.

Nul doute qu'on obtiendra des résultats divers, selon telle ou telle manière d'agir. L'effet sera, soit tonique, soit stimulant, selon que l'eau sera administrée ou froide ou chaude, et l'effet variera selon la quantité d'eau ingérée et la durée du bain ou de la douche.

On peut même obtenir un effet révulsif ou perturbateur plus ou moins prononcé, suivant qu'on emploiera l'eau en douches ascendantes à une température élevée, ou qu'on fera usage de la douche écossaise, qui consiste dans un jet alternatif ou simultané d'eau froide ou d'eau chaude.

Les douches simples, à une haute température, ou très-froides produisent souvent un effet perturbateur, au moyen duquel on arrive à des guérison inespérées.

La médication révulsive, soit en boissons, soit par les douches ascendantes, conduisant quelquefois aussi à des cures remarquables, dans les affections gastro-intestinales. De même, par la médication tonique bien dirigée, vous arriverez souvent aux plus belles cures, chez les personnes à tempérament lymphatique et chez les jeunes filles chlorotiques, chez les sujets qui sont épuisés par des travaux excessifs, par la masturbation, l'abus des femmes et divers autres excès.

Je dois dire pour encourager les malades qui font un usage modéré des eaux, qu'au bout d'un temps très-court, pendant lequel le pouls s'accélère, la chaleur de la peau augmente, ainsi que la secrétion cutanée, il survient en général un bien-être particulier, sous l'heureuse influence duquel les fonctions digestives et génératrices reprennent leur énergie, et les muscles leur vigueur ; heureux état qui laisse entrevoir au malade une guérison possible de ses maux.

Conditions hygiéniques nécessaires aux succès des eaux.

Avant de terminer ce travail, je dois dire qu'on demanderait en vain aux eaux d'Enghien ainsi qu'aux autres sources thermales, les résultats magnifiques que je viens de leur attribuer si leur emploi n'était secondé par une bonne hygiène appropriée à l'état des maladies ; car, la plupart de ceux qui viennent aux eaux réclamer leurs bénéfices, sont des sujets affaiblis par des maladies chroniques, souvent en proie à des chagrins domestiques et à l'ennui, ou dont l'état sédentaire et le tracas des affaires ont troublé la santé ; il leur faut aux uns et autres une alimentation appropriée plus ou moins confortable, de l'exercice au grand air, soit à pied, soit à cheval, des distractions variées, l'absence de toute préocupation d'affaires, et un changement dans la manière de vivre.

Tantôt les eaux, employées seules et sans le concours d'aucune autre médication, suffisent pour procurer la guérison ; d'autres fois ce n'est qu'avec le concours de médicaments appropriés qu'on arrive au but.

On a dit que les longs voyages des malades pour aller aux eaux, l'exercice qui en est le résultat, les distractions de toute nature qu'ils y rencontrent, le changement d'air et la manière de vivre, jouent le principal rôle dans la guérison. Cela ne peut être admis, et vient tout bonnement à l'appui des conseils que je viens de donner comme étant indispensables aux succès des eaux, comme, en général, de toute autre médication.

Au moment où je lis la première épreuve de ce travail, on me communique un mémoire de M. le docteur C. de Puysaye, sur *l'inhalation et la pulvérisation sulfureuse dans le traitement des maladies des voies respiratoires* (bronchite, pharyngite, laryngite chroniques) au grand établissement thermal d'Enghien, où tous les appareils propres à l'emploi de ce traitement sont construits avec les soins les mieux entendus et toute la perfection désirable.

Ce mémoire, dans lequel sont clairement exposés le mode d'emploi, les indications, l'action et les heureux effets de cette nouvelle médication, peut être considéré comme un guide sûr et fidèle pour tout baigneur atteint d'affection chronique des organes de la respiration.

TABLE

	Pages.
Préface	1
Des propriétés médicales des eaux sulfureuses en général	2
Analyse comparative des eaux d'Enghien et de diverses autres sources de la chaîne des Pyrénées, d'où résulte la preuve de leur plus grande quantité de soufre	4
Cause de leur peu de fréquentation	5
Maladies dans lesquelles les eaux d'Enghien conviennent; leur efficacité spéciale chez les malades à constitution lymphatique ou scrofuleuse	8
Aperçu sur le grand établisement thermal d'Enghien	10
Son jardin, des roses, son parc, son lac	11
Quelques mots sur les pays d'alentour	11
Saint Gratien	12
Montmorency	13
Saint-Denis	15
Sannois	16
Établissement hydrothérapique d'Enghien	16
Enghien. — Salubrité remarquable de son climat	17
Mode d'administration des eaux d'Enghien, en boissons, en bains, en douches, en lotions, en inhalations	22
Effets physiologiques des eaux	26
Effets sur le système nerveux	26
Effets sur la circulation	27

Effets sur les voies respiratoires 28
Effets sur les voies digestives. 29
Effets sur les voies urinaires 30
Effets sur la peau. 31
Effets thérapeutiques 33
Conditions hygiéniques nécessaires aux succès
    des eaux 35
De l'inhalation et de la pulvérisation de l'eau ther-
    male, au grand établissement thermal d'Enghien. 36

ERRATA.

Page 3, quinzième ligne, au lieu d'ulcères invétérées, *lisez* ulcères invétérés.

Page 8, treizième ligne, au lieu d'ulcères invétérées, *lisez* encore invétérés.

Page 14, troisième ligne, au lieu de : qu'il se retira, *lisez* où il se retira.

Page 24, seizième ligne, au lieu de : où elles sont de 20 mètres, *lisez* où il en est qui ont plus de 20 mètres.

Page 35, quatorzième ligne, au lieu de l'état des maladies, *lisez* l'état des malades.

Page 35, vingtième ligne au lieu de : aux uns et autres, *lisez* aux uns et aux autres.

www.ingramcontent.com/pod-product-compliance
Lightning Source LLC
Chambersburg PA
CBHW060513050426

42451CB00009B/966